푸른 고향의 노래

푸른 고향의 노래

김성효 시집

| 책머리에 |

자연과 더불어 살고 싶다

　나는 어릴 적부터 고향 농촌에서 줄곧 살아왔다. 군에 입대하여 약 3년의 군 생활을 제외하고 농촌이라는 곳을 떠나본 적이 없다.
　내가 보고 생각하는 것은 드넓은 들판 그리고 숲, 바람과 구름, 새와 곤충 등 자연 속에서의 삶이 그것이다. 농촌은 한 해 농사를 짓기 위해서는 끊임없이 준비하며 연구하고 힘들여 일하는 곳이다. 농촌, 농업이야말로 태초부터 축적된 농경문화와 고도의 과학과 기술 그리고 긴 시간과 피와 땀이 한데 어우러진 종합예술의 결정체이다. 자연은 우리들의 마음의 고향이요 생명을 이어주는 삶의 원천으로써 우리들이 살아가는데 필요한 예의와 도리가 상존해 있는 곳이다. 자연과 농촌을 벗 삼아 생활하다 보니 항상 머릿속에 감흥이 떠오르는데 다음 날이 되면 하늘의 구름처럼 연기처럼 사라져 버리는 것이 아닌가. 그리고 그 뒤에는 형언할 수 없을 정도로 밀물처럼, 큰 파도처럼 안타까움이 밀려와 정신이 혼미해질 정도로 어지러웠다. 해서 '그래! 이제 확실하게 잡아보자' 다짐을 하게 되어 지면 위에 하나둘 적어 보았다. 그랬더니 마음이 안정되고 내 마음은 어느새 어릴 적 그 시절 동심의 세계로 돌아가 있었고 그때 두렵고 즐겁고 재미난 추억들이 소나기가 되어 내 가슴에 퍼붓는다. 또 환타지 영화의 한 장면처럼 수백 수천 년의 미래와 과거의 시공을 초월하여 넘나들다가 문득 정신이 들어 내 자신으로 돌아오면 금방 온천탕에서 나온 것처럼 상쾌하고 정신이 맑고 평온하여짐을 느꼈다. 또한 더없이 행복했다.

   그래서 나는 글을 쓰고 지금도 그런 상념이 떠오르면 펜을 든다.

   그렇다! 글을 쓰는 것은 나 자신을 위한 것이지만 혹여 나의 어설픈 작품을 읽고 단 한 사람이라도 마음의 안정과 행복을 느낀다면 그것으로 결코 후회하지 않을 것이다.

   부족한 저를 등단으로 이끌어 주신 은사님께 감사드리며 첫 시집이 나오기까지 함께 도와주신 여러분께 큰절을 올린다.

2019년 봄
김 성 효

차례

책 머리에 —— 5

제1부
푸른 농심農心의 노래

실개천 — 14
소나기 내리는 날 — 16
정자나무 — 18
연과 꿈 — 19
장에 가는 날 — 20
봄맞이 노래 — 22
쥐불놀이 — 24
그네뛰기 — 26
인생·고갯길 — 28
물자세水車 — 30
들돌 — 32
모정 스케치 — 34
모시, 베틀 이야기 — 36
감꽃 — 41
내 유년의 새보기 — 42
아궁이 별곡 — 44

제 2부

뜸부기 나는 들녘

거미의 지혜 — 46
하루살이는 — 47
반딧불이 — 48
개구리가 사는 법 — 49
수탉을 칭찬한다 — 50
귀뚜라미의 막무가내 — 52
까치 우는 아침 — 53
뜸부기 나는 들녘에서 — 54
장끼에게 — 56
솔개연 — 57

제3부

청포도 누님

찔레꽃 나그네 ― 60
봄은 불바다 ― 62
사랑이라는 늪 ― 64
청포도 누님 ― 66
짝사랑 ― 68
들켜 버렸네 ― 69
소꿉친구들 다 어디갔냐? ― 70
콩깍지 씌웠나 봐 ― 72
강강수월래 ― 73
입영열차 ― 74
통학버스 ― 76

제 4 부

겨울바다

소풍 가는 날 — 78
가을 · 은행잎 — 80
중추中秋 — 82
세월을 낚다 — 84
산의 노래 — 86
겨울바다 — 88
농촌의 풍경들 — 90
싸리 향香 — 92
느티나무 고목 밑에서 — 94
산수유 — 96
진나물 — 98
고드름 먹는 참새 — 100
소나무여 — 101

제 5 부

인생은 구름처럼 바람처럼

인생은 빈손 — 104
세상살이는 이렇게 — 106
더 늦기 전에 — 108
친구에게 — 110
불난 가슴이 다 탈때까지 — 112
술에 장사 없다 — 115
고향 — 116
차라리 — 117
산 자者와 죽은 자 — 118
소도蘇塗 — 120
자연인으로 사는 삶 — 123

제 6 부

수수깡 전설

강물은 흐른다 — 126

두승산과 배들 — 128

샘골 약수터 — 130

까마귀와 배꽃 — 131

내장산 단풍 — 134

이어도離於島 — 136

내장산 비경秘境 — 137

수수깡 전설 — 138

내 고향 쌈터 — 140

跋文 — 141

제1부

푸른 농심農心의 노래

실개천

동네 앞을 지나는
가느다란 냇가
물길을 따라
이따금 물고기들 떼지어 올라오고
풀 밑을 더듬으면
붕어와 메기도 나온다

뱀장어 잡으려다
게 구멍으로 손을 넣으면
어쩌다가
털북숭이 암게도 잡힌다

호박과 고추 따고
고구마순 뜯어 솥에다 넣어
아궁이에 불을 지피면
구수한 매운탕 냄새에
동네 사람들 몰려온다

막걸리 한 사발씩을
덤으로 들이키고
배를 두르리며 하는 말은
'세상만사가 다 내 것 같다'

소나기 내리는 날

맑은 하늘 땡볕에
갑자기 먹구름 몰려와
온 천지 목마름을
풀어줄 요량인가
장대비가 쏟아진다

눈치 빠른 할아버지
오던 길을 재촉하고
제방에 메어둔 소
말뚝 풀려 도망간다

밭매던 아낙네
좁은 밭둑길을 헛디디며
치맛자락 치켜 올리고
급하게도 뛰어 가네

마당에 널린 고추
덕석을 몰아 감고

도롱이 걸친 어깨에는
소나기가 칼춤을 춘다
짚싯물 떨어지자
미꾸라지는 제 세상인 듯 신이 나고
앞 냇가에 북둑물
겁나게도 흘러가고

개구쟁이 동네 꼬마 녀석들
쪽대 들고
이리 뛰고 저리 뛴다

정자나무

세 갈래로 갈린 길에
빈터에 자리 잡아
눈비 바람 눈치 보며
사오백 년을 지켜 왔다

오고가는 수많은 사람들
쉼터가 되어 주고
소곤소곤 하는 말 귀 기울여
다 알은체 해주고

수백리 길 힘겹게 걸어 온
나그네들 불러들여서
단봇짐 풀어가며
세상 알음 듣고 점을 치고

새색시 시집가는
가마도 몰래 훔쳐 보면서
방물장수 끌어들여
온갖 세상 구경,
소문을 다 듣는다

연과 꿈

더
높이
더
멀리
날아 올라라

오색의 꿈을 연실에 꿰어 띄운다

청운의 부푼 꿈을
놓칠세라
연자세를 꽉 움켜쥔다

끊어질 듯 가느다란 실에
우리들의 꿈이 자리하기엔
너무 위태로워서인가

어른들이 이제
연을 날리지 않는 까닭은
쫓아갈
거시기가 없기 때문이다.

장에 가는 날

이른 아침
정성스레 쇠죽 쑤어 먹이고
가지 않으려는 소, 고삐 끌고
장터 길로 들어선다

순진한 소는 집 떠나기가 싫은지
연신 뒤를 돌아 보고
장터로 가면서도
길가에 난 풀을 한 움큼 베어 물며
가는 길을 마다한다
이랴!
재촉해 보지만
발길은 무겁고
지난날 논밭 갈며
듬직한 소 등어리 어루만지던
추억이 안쓰럽다

장터 시끄러운 흥정 끝에

손에 돈뭉치 쥐어줄 때
팔려가는 누렁이 저 애절한 눈빛
원망하는 듯 눈가에
눈물자국이 어려 있어
애써 외면하고
선술집 뚝배기에
탁배기 한 사발 걸친다

터덜터덜 집에 오는 길
삽작거리 돌아드니
주인 잃은 외양간 처마 밑 쟁기가
원망하듯 눈을 흘긴다.

봄맞이 노래

애들아,
양지바른 언덕에
아지랑이 피어 오르니
대문을 활짝 열어라
간만에 봄기운을
집안에 가득 모셔 보자

애들아
울타리에 개나리꽃 피어나거든
싸릿문을 활짝 열어라
노오란 병아리 떼 종종종
닭장에 가득 채워 보자꾸나

애들아
매화꽃 피어나거든
삽작문을 활짝 열어둬라
장독대 항아리마다
매화 향기 가득 채워보자꾸나

얘들아
텃논에 개구리 떼 몰려들거든
사립문을 활짝 열고 반겨라
개구리 소리 장단 맞추어
오래간만에 봄노래나
목청껏 불러 보자

쥐불놀이

달이여!
정월 대보름 날
대낮같이 밝은 밤,
그대는 무엇이 부끄러워서
구름 속에 몸을 숨기는가?

아이들은 홍두깨 거머쥐고
마구 휘둘러
단단한 관솔 치고

높은 나뭇가지에서
송진을 따다가
쏘시개 삼아서 불을 지핀다

부싯돌 문질러서
불씨를 만들고
횃불을 일깨워
그대 얼굴과 견주어 보니

그대가 대낮처럼 환하다
쟁반같이 둥근달
밝다고 우쭐대지 말고
불놀이하는 아이들 얼굴이나
더 밝게 비추어다오

그네뛰기

뒷동산의 언덕배기에
왕솔나무 굵은 가지가
사방으로 뻗쳐 있다

모시 베어다가
피모시 장만하여
네 갈래로 새끼를 꼬아
늘어진 가지에
그네를 드리우고

동네 처녀들
모두모두 불러내어
그네를 태워주니
즐거워 웃는 소리
메아리로 돌아오고

산새들 흔쾌히
노래로 화답하니
산천 초목들이

너도나도 태워달라고
아양떨며 매달리네

인생 · 고갯길

할아버지와 아버지와 내가
우리 아이들과
어제, 오늘 그리고 내일도
험한 이 고갯길을 넘는다

고갯길 굽이마다
깊은 사연이 있어
할아버지는 지게 지고
열 번 스무 번을 쉬고 또 쉬며 넘었다
아버지는 달구지 타고
연신 소 등을 채찍질하며
이랴! 목청을 가다듬고
나는 덜컹이는 경운기 타고 넘는다

이 고갯길을 넘으면서
할아버지, 아버지는 무슨 생각 하셨을까?
고갯길 넘는 것은 인생의 흐름이다
고갯길은 우리의 가문을 알고
할아버지로부터 손자까지

4대의 내력을 다 알고 있는데
아들 녀석은 아무것도 모르는지
자동차 속 음악에 흥얼거리며
건성건성
금새 고갯길을 넘는다.

물자세 水車

녹두알처럼 작은 체구,
지게에 물자세 얹어 짊어지면
웬만한 집채보다 크게 보인다

도랑을 파고
물자세 세우면
목 말라 꼬아져 가는 나락들이
물을 품기도 전에
'좋아라' 춤을 춘다

따가운 햇볕 아래 물자세에
높이 올라
오르고 또 올라 봐도
항상 제자리걸음
숨을 헐떡거리며
물을 퍼올리면

거북이 등짝처럼
갈라져 목말랐던 논바닥은

가냘픈 미소를 날리다가
입을 꼬옥 다물어 버린다

들돌

우리 동네 모정 귀퉁이에
둥근 듯 네모난
아름드리 돌덩이 하나

길 가는 나그네에게
'들어보라' 맡겨 보니
힘은 써 보지만
쉽사리 못 들고 끙끙거려

모여든 구경꾼들
비웃는 소리에
자존심 상한 나그네
머리를 긁적인다

다른 나그네에게
'들어보라' 맡겨 보니
번쩍 들어 올리고서
다른 들돌 가져오라 호령하고

탁배기 한 잔을
얼른 대접받고
으스대며 길을 간다

모정 스케치

1
*만두리를 끝낸 농부들이
미역국에 닭고기 안주 삼아
걸판지게 한 잔씩 하고
동네 모정에 올라
'시끄럽다'며 어린것들을
다 쫓아버리고
송장처럼 누워서 코를 곤다.

쫓겨난 벌거숭이들
풍뎅이 잡아 머리를 비틀고
다리도 옆으로 꺾어
둥개 노래를 합창한다.

둥개야, 둥개야, 마당 쓸어라
손님 온단다
이쁜 손님 오면은 흰쌀밥 주고
미운 손님 오면은
꽁보리밥도 아깝다

2
점심때가 지나서야
꾸역꾸역 사람들로 붐빈다.
코골이에 성내는 송영감
자리 다툼 끝에 불총 맞은 면장댁 머슴 놈,

장이야, 멍이야, 어깨너머 훈수에
장기판은 엎어지고
논둑 풀 안 깎는다며 뺑새란 놈 혼쭐난다.
솔가지 안 꺾어 왔다며 또복이는
형한테 멱살 잡혀 끌려가고

모정은 농촌의 사랑방이다
진솔한 사람 냄새 나는
농민들의 공회당이지
여름 한 철은 또 쓰르라미가
농민들과 함께
목울대를 세우는 때이다

註 만두리 : 만도리의 방언,
　　벼를 심은 논 마지막으로 하는 김매기

모시, 베틀 이야기

1
파아란 잎사귀,
뒤집으면 은백색으로
모시풀이 자란다

오월의 푸른 바람이 싱그러워
논밭에서 땀 흘리는
농부들의 더위를 식혀 주고
한 광주리의 새참, 백설기떡, 찐빵이
모싯잎으로 감싸면 쉬지 않는단다

삼복더위의 날
황새낫 들이대어
모싯대를 베어다가
모시톱 모시칼로
껍질 벗기어
너댓 번을 물에 헹구어서
태모시를 만들어
빨랫줄에 주렁주렁 걸어 놓는다.

2
정자나무 그늘에 앉아서
동네 아낙네들 여럿이 모여
수다를 떤다

팔순 노인 허연 수염같은
모시올 어루만지며
이빨로 가르마를 타,
한 올 두 올 섬세하게 실을 뽑아
부끄러움도 무릅쓰며
넓적하고 하얀 허벅지가
발갛게 달아올라도

연신 침을 발라가며
속살보다도 더 하얀
저마사를 만들어서
줄줄이 돌려 이어
싸릿대 소쿠리에다
둥글게 둥그렇게
수북이 쌓아 놓는다

3
얼기설기
열십자로 묶은 모시굿을
매듭이 질까 얽힐까
조심스레 정성을 다한다

*날틀을 새워놓고
희미한 눈 비벼가며
*바디에 끼워서
한 가닥 두 가닥 세어서
손녀딸 머리 빗기듯
베솔로 쓱싹쓱싹 사리살짝
풀을 멕여 놓으니
강물이 흘러가는 듯
모시가 매어진다

수없이 꾸리를 감아
북통에 집어 넣고 배를 띄워
천리만리 기나긴 장도를 위해

한 가닥의 씨줄을 뽑아 든다
이제 씨줄과 날줄의 숙명적인
얽킴과 설킴이 시작되누나!

4
모두가 깊이 잠든 밤에
눈 비비고 일어나서
*부티를 허리에 채우고
적막한 밤을 일깨워
베틀 앞에 앉는다

북통 주고 받는
왼손이 미안하고
오른손은 계면쩍다

밤은 점점 깊어가고
*잉앗대 너머로
졸음이 슬금거려
용두머리는 두 눈 부릅뜨고

눈썹을 치켜세운다
*도투마리 날줄을 풀으니
수탉이 부지런하게도
새벽을 몰고 온다.

註 날틀 : 길쌈할 때 필요한 실을 뽑아내는 기구
　　바디 : 베를 짤 때 날실을 고르며 북의 통로를 만들어
　　　　　주고 씨실을 쳐준다
　　부티 : 베를 짤 때 말코 두 끝에 감아 허리에 차는 끈
　　잉앗대 : 눈썹줄에 매달아 잉아를 거는 나무나 대
　　도투마리 : 실이 엉키지 않게 날실을 감아두는 틀로 H
　　　　　　자 모양을 한 나무 판

감꽃

새순이 돋아나더니
때맞춰 감꽃이 피었다.

새벽, 뒤질세라
바가지 들고 감꽃을 주워서
꿰미 꿰어다가
한 올 두 올 자꾸 꿰어
손팔찌,
목걸이,
브로치를 만든다

여동생 줄까?
아니면
뒷집 순이 줄까?
그래!
오늘은 순이 주고
내일은 여동생 만들어 줘야지

내 유년의 새보기

선잠 깬 도련님
'새 쫓아라' 구슬려서
한 손에 고구마 또 한 손에 옥수수
*단쑤시도 한움큼,
겨드랑이에 우산 끼워
다독거려 내보내니

논두렁 가운데 솔가지로 새막을 세우고
자리 깔고 앉아서
아침나절에는
제법 밥값이나 하는가 싶더니
무시로 날아오는 참새 떼에 진저리가 나서
*파대 돌려치고
풀팽매를 날려봐도

나락 서리에 이골난 참새 떼,
석양볕 나무 밑에
먹고 버린 나락 껍질만 가득

열한 살 머슴애
새 쫓다 지쳐버렸나?
서산에 걸린 태양이
붉으레 걱정스럽게 지는구나

註 −단쑤시 : 사탕수수의 방언
　　파대破帶 : 논밭의 새를 쫓기 위한 물건

아궁이 별곡

돌 쌓아서 황토 바르고
무쇠솥을 걸어 놓으니
아궁이가 입 벌린다
장작 쪼개어 쏘시개 넣고
불사르니
활활 타오르며
굴뚝엔 하얀 연기가 피어 오른다

바람에 흩날려 떨어진
샛노란 솔잎들,
갈퀴로 긁어 모아서
아궁이에 넣으니
초가삼간 십여 리에
온통 솔향이 그윽하다

어쩌다 날 궂어
정짓간에 나무가 떨어지면
아궁이는 시커멓게 큰 입 벌리고
원망하듯이 나를 쳐다 본다

제2부

뜸부기 나는 들녘

거미의 지혜

배움이 없어서
못한다 물러서지 말고
저 거미가 하는 일을 보라

배우지 안했어도
홀로 집 한 채를 뚝딱 다 지었다

'나는 복도 운도 없다' 며
불평하기 전에
살려고 땀 흘려 노력하는
저 거미를 보라

거미는 진정,
우리가 살아가는
기다림의 미학을 잘 알고 있구나

기회가 오면
놓치지 마라
거미줄 칭칭 감아 못 달아나게
갈무리를 잘하고
열심히 일하는 거미처럼 살아보자

하루살이는

해가 뜨면
호수에는
잔 물결 일고
입 벌린 물결은
겁 없이 햇빛을 집어삼킨다
이내, 뜨거움에 뱉어낸 햇빛은
호수 위에 보석같이 반짝이고
빛나는 보석 잔치에
온종일 쉼 없이 몸을 불사르고

석양이 되어서야
지친 물결은 잠잠해지고
발그래 술 취한 태양이
서산 자락에 걸터앉았다

하루살이는
내일의 준비도 없이
힘없는 날갯짓으로
몸을 추스리고
떠도는 부초처럼
하릴없이
호수 위로 떠내려 간다

반딧불이

깜깜한 밤
혼자 외로이 가는 길
반딧불이가
어둠을 밝히며
길을 안내한다

무슨 사연이 있기에
잠 못 이루며
이 밤을 저리 바둥이는가
반짝
반짝
얼마나 마음이 심란하면
불을 끄고
또
불을 켤까?

밤새 방황하다가 까맣게 지쳤구나
찬 이슬이 내려
날씨는 차가운데
어디서 새벽 닭 우는 소리 들린다

개구리가 사는 법

논 물꼬에
개구리 한 마리
물끄러미 앉아 있다

졸졸 물 흐르는데
물 버큼이 둥둥 떠 있고
이따금씩 바람결에
잔물결이 인다

물길 따라 떠내려 오는
벌레를 보자마자
훌쩍 뛰어들어 입 벌려서
날름 삼켜 버린다

개구리는 할 일 없어
물꼬를 지키고 있는 것이 아니구나
치열하게 살아가는
삶의 현장이구나!
개구리는 물꼬에서
오늘도 그렇게 물끄러미 앉아 있다

수탉을 칭찬한다

어둠을 헤치며
스스로를 깨워서
새벽의 문을 여는
저 수탉의 부지런함을 보라

하루의 시작은 이제부터다
금강산의 봉우리같은
용암 솟아 오르는 붉은 벼슬로
감히
하늘을 향하여
거리낌 없이 홰치며
새 세상을 열어가는
수탉을 칭찬하고 싶구나!

세상을
더 밝게 더 꼼꼼하게
새롭게 보라는
수탉의 간절한 외침이여!

북풍한설 험한 날에도
식솔들을 거느리고
맨 앞장을 서서

오색 깃털을 나부끼며
세찬 바람 막아주는
우리들 가장家長이구나!

귀뚜라미의 막무가내

깊어가는 가을밤에
찬 이슬을 맞으며
귀뚤~ 귀뚤~
구슬픈 노래 부르니
무슨 사연 때문인가

한 많은 가슴속에
폭포수 솟아 나오듯
키워 온 슬픔이
귀뚜라미 울음 장단에
불끈불끈 깨어난다

사랑의 아픔인가
이별의 슬픔인가
후줄근히 이슬 맞으며
쓰린 가슴 달래는가?

사무치는 슬픔과
그리움을
귀뚤~ 귀뚤~
막무가내로 깨우고
또, 깨운다

까치 우는 아침

아침 일찍
앞 마당 미류나무 꼭대기에
까치들이 날아와
깍! 까악!
간절하게 울어댄다

까치가 아침에 와서 울면
손님이 온다는데
오늘은
그런 귀한 손님이나 기다려 볼꺼나

누가 올까?
손꼽아 곰곰이 생각해 봐도
도무지 알 수가 없다
깍! 까악!
까치가 더 크게 울어댄다.

오늘은 왠지
좋은 일이 있을 것 같다
오늘 따라
까치 우는 소리가
더 정감이 있다

뜸부기 나는 들녘에서

황량한 들녘
그저 이따금씩
하늬바람이 스쳐 지나갈 뿐

적막이 흐르던
드넓은 벌판에
모내기로 푸른 생명들이
희망의 벌판으로 변한다

어디서 날아 왔는지
뜸부기 한 마리
농부들이 일터에 나오기는
아직 이른 시간인데
뜸 뜸 뜸~북
애절한 가락으로 노래 부른다
풍년을 바라는 간곡한 마음인가

하루일이 마무리 되고
집으로 돌아가는
농부들의 어깨가
피곤한 빛이 역력한데

땅거미 짙어가는 노을 속
뜸부기 우는 들녘을
한 농부가 바쁘게 지나간다.

장끼에게

잔솔밭에서
바스락 거리다가
장끼 한 마리
불쑥 나타난다

참! 이쁘기도 하다
귓덜미에 연지곤지를 찍었구나
목도리도 둘렀구나

사뿐사뿐 걷는 모습은
예쁜 아이 몸매를 닮았구나
색동옷 저고리는 어디서 사왔니?
가시덩쿨 검불 속에서
머리도 단정하게 빗질을 하였구나

네 오색 꼬리는
참 길기도 하구나!
그러나
너무 뽐내며 우쭐대지 마라
가끔은 겸손의 미덕을 지녀라
언젠가는 꽁지 빠진 네 모습
사람들의 웃음거리가 될 수 있다

솔개연

연자세 움켜 쥐고
저 멀리 연을 띄우니
솔개 하늘에서 노닐고
무엇을 찾는가?
빙빙 도는 저 솔개여!

이엉 엮어 소 등어리 이불처럼 감싸 얹고
욕심 많은 솔개,
소 등어리 이엉을 먹이로 알고
한 움큼 움켜쥐며
콕 콕 쪼아보니
집채같이 큰 누렁이가 가소롭다 콧방귀

얻은 것이 없도다
지나가는 검둥개는 덤으로 짖어대고
멀리서 구경하는 소 주인은
반신반의 걱정하다가
하! 하! 하!
너털웃음을 날린다

제3부

청포도 누님

찔레꽃 나그네

나그네는 보았네
잡초 우거진 덤불 속에서
청순하게 피어난 한 떨기 찔레꽃을

무심히 지나던 나그네
그만 찔레꽃에 반했네
향기에 취해서
발걸음은 멈춰지고

가시 돋친 나뭇가지는
하얀 접시를 받쳐들고
정성을 다해
한아름의 짙은 향기를
말없이 선사하네

하여
나그네는 기약 없이 떠나고
빗물과 바람에 흩날려
향기 잃은 찔레꽃은

안타까움에 파랗게 떨고 있고
나그네는 가슴팍을
움켜쥐고 잃어버린
찔레꽃 향기를 찾으려고
허둥지둥 산길을 헤맨다 하네

봄은 불바다

앞산에 불이 났다
빨간 불이 활활 타오른다
뒷산에도 불이다
노란 불, 하얀 불
오색불이 활활
잘도 타오른다

허물을 알고도
수백 년 침묵만을 지키던 산인데
어느 누가 무슨 까닭으로
산에 불을 지른단 말인가?

샛바람 마파람 불러들여
온산에 꽃을 피우고
뻐꾸기 휘파람새가 노래부르며
장단 맞춘다

건넛산에서는
아지랑이 연기처럼 피고

산등성 곳곳에
타오르듯 피어난
산수유 산벚꽃 또 아기 진달래

설레는 가슴은
실바람에 문풍지처럼 흔들리고
마침내
활활 타는 산불은
내 가슴에 옮겨 붙는데
불붙은 내 가슴의 불은
어느 누가 꺼 줄 것인가?

사랑이라는 늪

여봐요!
사랑의 늪에 빠지셨나요?

사랑을 할 때는
모든 게 보이지 않고
빠져 나오려 발버둥 쳐도
더 깊숙히 빠지는 거랍니다

여봐요!
혹 늪에 빠져본 일이 있나요?
사랑을 피하는 것은
늪의 성질을 잘 알기 때문일 겁니다

사랑에 한번 빠지게 되면
모든 것이 제대로
보이지 않고
눈에 콩깍지가 씌워집니다

사랑을 하려면

다시는 헤어 나오지 못하는
늪같은 사랑을 하십시오
변죽만 울리지 말고
사랑의 늪에 깊이 빠져 보세요

청포도 누님

집 뒤안 황토마루에 앉아 보니
바람 한 점 없이
무더위가 기승을 부린다

여름은 점점 깊어가고
폭염 속에서
힘차게 뻗어 가는 넝쿨
줄기마다 포도가 송이송이 매달린다

알알이 성숙한
청포도가 먹음직스러워
누님은 시원한 샘물 길어 올려
정성스레 씻어서
하얀 은쟁반에다
가득 담아 내오는
푸르고 상큼한 사랑들

사진 한 장 남기지 않고

시집을 간 누님은
지금은 어디 계시는가?
금방이라도
은쟁반에 청포도를 담아서
나를 찾을 것만 같은
우리 누님이 솔곳하게 보고 싶다

짝사랑

집 주위를 뱅뱅 맴돌며
한마디 말도 못해 보고
가슴앓이만 하다가

짝사랑 그녀,
가마 타고 그만 시집가 버리니
허퉁하고 애통한 마음
둘 곳 없어

홧김에 소 등어리에 올라타니
저 소가 내 마음을 아는지
언덕배기 깔끄막에
벌렁 드러눕네

들켜 버렸네

팔월의 보름달은
붉은 볼 새악시같다

수줍은 듯 돌담 위에서
살포시 얼굴 내밀고

온 세상 눈 부시게
단장한 보름달은
쟁반같은 큰 눈 뜨고
모든 것을 다 엿보네

팔월의 초저녁
풀벌레 소리로 밤은 깊어 가고
꼬깃꼬깃한 추억은
하얀 이슬에 젖는데

구름에 가린 밤하늘
첫사랑 입맞춤을
그만 들켜버렸네

소꿉친구들 다 어디갔냐?

새벽 닭이 울자
개 짖는 소리에
자는 소도 깨었다

굴뚝에 연기 피어 오르자
초가삼간 들썩이며
꼬마 녀석들 떠드는 소리 들린다

마수로 얼른 가서
알밤 줍고
대추 주워와도
줄 사람이 없네

양손에 한 움큼 쥐어
홀로 담 밑에 쭈그리고 앉아
알밤을 까먹어도 맛이 없다.

모정과 뒷동산으로
이리저리 찾아 봐도

소꿉친구들 다 어디갔냐?
아직은
이른 시간
이제
갈 데는 없고

뉘엿뉘엿 해는 지고
어른들은 아직 일에 취해 있는데

담 모퉁이 돌아서
집에 오니
쓸쓸한 등잔불만
나를 기다리고 있구나!

콩깍지 씌웠나 봐

처음부터 너는 나를
한눈에 사로잡았다
대지가 메말라도
태풍이 휘몰아쳐도
모진 세월 속에서
오직 나는
너만을 위해 기도했다

회자정리會者定離인지라
떠날 줄은 알았지만
국화꽃 그윽한 향기같이
한마디 속삭임으로
가슴이 울렁거려
그만 콩깍지 씌웠나 봐

한마디 달콤한 말도 없이
쉽게 떠날 줄은 몰랐다

강강수월래

휘영청 달 밝은 밤
손에 손을 잡고 둥글게 모여서
너의 소원을 말하라
행복을 빌어라
강강수월래! 강강수월래!

그대의 소원을 빌어주고
손에 손잡고 빙빙 돌면서
나의 소원을 말해보면
강강수월래! 강강수월래!

밤새워 밤을 새워서
이슬에 젖은 눈썹 하얗게 될 때까지
빙글빙글 돌아라
강강수월래!

새벽녘 밤하늘이
송진가루같이 뿌옇게 보일 때까지
강강수월래! 강강수월래!

입영열차

홀연히 날아든 통지서 한 장
인생의 변화가 시작된다

이제는 두 개의 시계를 지녀야 할 때
국방부 시계와 천상의 시계

안타까움과 눈물어린 시선으로
꼭 쥐어 주던 지전紙錢 속엔
사랑과 이별,
그리고 어머님의
격려와 사랑이 배어 있고

아득한 기약의 나들이에
떠나는 열차는 박쪼가리 갈라 놓고
레일의 이시매 어글턱에
이따금 열차가 흔들리면

바람에 치마 휘날려 속살을 보이 듯
차창 너머로 익숙한 세상이

낯설음을 흘리며 멀어져 가고
빨간 모자 조교가 들리지 않는 확성기로
얼어붙은 가슴만 후려치고
입영열차 떠나는 기적소리에
청춘의 내 시간은 멈추었다

통학버스

때가 되면, 어김 없이
털털거리며 오는 버스에 올라
가만히 서 있어도
자꾸 안으로 떠밀린다

발 디딜 곳 하나 없는
머리 돌릴 틈도 없이
승객 모두는 짐짝이다
어쩌다가
여학생이 책가방이라도 받아 주면
가슴이 뛰는 방망이 소리

좁은 틈을 비집고
뒤로 물러서면
파김치가 되어
오늘 하루가 땡땡이친다

학교에 도착하기도 전에
이미 지쳐버려서
오늘 하루 일과가 걱정된다

제4부

겨울 바다

소풍 가는 날

손꼽아 기다리던 소풍날,
새로 산 운동화 끈 꿰어
머리맡에 앉혀 놓고
늦잠 자는 버릇도 멀리 쫓아버리고
날 새기만을 기다린다

갑자기 부자가 된 가방은
짊어져도 무겁잖고
주머니 속으로 자꾸 드나드는 손,
동전 세기가 바쁘다

선생님 따라
줄지어 따라갈 때
한 손엔 사이다,
또 한 손엔 눈깔사탕
친구가 불러도 모른 체하며
양쪽 볼이 부레처럼 부푼다

오늘은 돼지꿈도 꾸었겠다
보물찾기에서 1등도 하고
노래도 한 곡 멋지게 불러야지…

가을 · 은행잎

봄의 따스한
사랑 속에서
파릇파릇 자라난
고사리 같은 은행잎

무더운 여름날엔
짙푸른 이파리 속에
어린 열매를 감추어 두고

알알이 키워내는 정성은
어머니의 사랑을 닮았나!

늦은 가을
새하얗게 내리는
서리의 차가운 한마디에
얼굴은 샛노랗게 변하고
가을비 눈물 적시는 하소연에
와락
옷을 벗어 버린다

이제
모두 떠나 보내고
앙상한 가지로
매섭게 다가올 추위에
고개 떨군다

중추 中秋

무더운 팔월의
폭염 속에서도
매미 소리 장단 맞추어
뜨거운 햇살을
주섬주섬 챙기던 밤나무가
기어코
빠알간 밤송이로 입벌려서
가을을 토해낸다

억새는 알밤을 치마폭으로
고이 감싸는가?
바람결에 사지를 흔들며
가을을 맞이한다

드넓은 들녘은
황금물결로 치장을 하고
하늘은 드높아
푸르름이 짙어가는데

먼 산 봉우리는
울긋불긋 오색 빛깔로
색동옷으로 갈아입는다.

세월을 낚다

홀로 계곡을 찾아
강물에 낚시 드리우니

예의 바른 피라미가
인사성도 밝다

이따금 바람에
갈대 손 흔들고

물결은 고개 쳐들어
안부를 묻는다

파란 하늘 가운데
잉어 구름 타고
신선놀이 제법이네

짙푸른 호수에서
흰구름만 골라 낚고

붕어들은 마실갔는가?
다래끼엔
빈 세월이 한 가득

산의 노래

산은
바람을 막아주고
허물을 덮어주고
성냄도 받아주고
슬픔은 거둬간다

산은
높고
깊고
낮고
푸른
천의 얼굴

산의 참마음을 아는 이는
아무도 없다 하네

사람들은 산이 좋아서
모두 찾아 간다기에
춘하추동 철 따라

나도 동무가 되었다네
산은
원하는 것 다 내어 주고
왼손 모르게 베푸는
자선가인 품격을 닮았다

겨울바다

손 담그면
푸른 바다가 찰랑대고

허공에 손 저으면
끝없는 하늘이 펼쳐진다

해변가 모래알
낱낱이 사연들이 얽혀있고

바다는
미움도 증오도
쓸어 담아 포용한다

많고 많은 사람들
찾아도
찾아와도
너그럽게 반겨준다

인적이 끊어진

차가운 겨울바다
시퍼렇게 가슴 멍든
속절없는 바다여!

농촌의 풍경들

달 조각 부서져 흩어진 별들
수탉 별을 쪼아 배 채우고
심심함을 못이겨
새벽을 깨우니

올빼미 노곤하다 자올거리고
박쥐 이불 몰아 동굴에 넣고
농부 구럭 지고 깔 베러 가고
아낙네 아궁이에 불을 지핀다

외양간 황소는 암소 부르고
돼야지 때 되었다 보채는구나
암탉 알을 낳아 생색을 내고
선잠 잔 백구는 달갑지 않네

쟁기 짊어지고 황소 앞세워
띄기밭 써리어 감자를 심고
쌈지에 담배 말아 한 대 물으니
아낙네가 새참을 가득 내왔다

지나가는 동동구루무 장수
하릴없이 빈 북만 울리고
삿갓 쓴 나그네 갈 길 바쁘다

쇠죽 삶는 연기 피어오르니
석양엔 노을이 붉게 타오르고
기러기떼 줄지어 하늘을 나네

싸리 향香

봄이면
어린순 껍질 벗겨 먹으면
갈증이 가시고

여름이면
빨갛게 꽃을 피워
벌들을 불러들여
꿀을 만든다

가을이면
싸릿대 베어
빗자루 만들어
손님 오면 마당 쓸고

채반도 만들어서
호박 썰어 말리고
한가위에는 전을 붙여
채반에 널면
상하지 않고 오래 간다네

싸릿대로 발을 엮어서
싸릿문을 만들면
집 나가고 들어올 적에
싸리 향이 향기롭다

느티나무 고목 밑에서

가냘픈 홀씨 하나
바람에 날려와 땅에 떨어져 자랐다

추운 겨울 지나서
봄에는 싹을 틔우며
한 그루 우람한 나무가 되었네

바람에 흔들리고
된서리 맞으면서
춘풍추우 긴 세월을 살았다

눈부신 햇님과 다투어도 봤고
은은한 달님과는
밀어도 속삭였다

세상은 신기하고
시끄럽고
억울하고
때로는 고마울 때도 있지만

무심한 세월을
보고 듣고 지내온
수백년 해묵은 고목

세상만사 크고 작은 모든 것들이
잘났다 큰소리쳐 봐야
벼락 맞아 뻥 뚫린
저 구멍보다도 못한
미약한 존재가 아닌가

산수유

이른 봄에
뒤질세라
앞장서 봄을 맞는구나

노오란 꽃망울 터뜨리며
봄을 알리려 하지만
설익은 봄날을
별로 알아주는 이가 없다
꽃샘 추위에
세찬 바람이
가냘픈 꽃봉오리 마저
하나 둘 떼어가고

화사한 봄날엔
남루한 꽃이 되어
스스로 부끄러움에
고개를 숙인다

녹음이 짙은 여름날엔

뜨거운 햇볕으로
파란 잎사귀를 태우고
새소리 바람소리에 귀를 쫑긋거리며

가을이 오면
정성으로 열매를 키워
붉디 붉은 산수유로
쓸쓸한 나목의 골짜기에
아름다운 수繡를 놓는다

진나물

가을 하늘 드높으니
온 산이 곱게 단장하듯
단풍이 드는구나
소나무 숲 사이로
버섯 향이 그득히 넘친다

빨간 버섯 따지마라
예쁜 버섯도 따지마라
젖버섯이 좋구나
피버섯도 여기 있네

깊은 산골에다 그 누구가
국수공장을 차렸나?
국수버섯이 줄줄이 쏟아져 나와
바구리에 가득 넘친다

온갖 버섯 줄줄이 꿰어라
넘치도록 따다가
처마 밑에 말리어라

정월 대보름날
들깨 갈아서 진나물 해 먹자
이 없는 우리 할머니
맛있다며 잘 잡순다.

고드름 먹는 참새

회색빛 흐린 하늘
초가지붕에
하얗게 눈이 쌓였다
날이 새자
집시랑 물 노랗게 떨어지고
처마 밑에는
고드름이 주렁주렁 매달린다
추위 물러가라고
큰 칼을 빼어 들고
겁을 주나 봐
겨울이 깊어갈수록
고드름은 더욱 기고만장하다
어쩌다 고드름이 땅에 떨어져
잘게 부서지면
허기진 참새들이
추운 줄도 모르고
겁도 없이
앞다퉈 쪼아 먹는다.

소나무여

소나무여!

이 강산엔 낙화유수
곳곳에 자리를 잡아
수많은 바늘을 준비하여
무엇을 꿰매려느냐?

칼바람에 찢긴 산자락을
폭우에 등이 터진 대지를
꿰맬 준비를 하는구나

소나무여!
남녀 간에 이루지 못한
사랑의 상처를, 아니면
세상살이에서 넘어져 찢긴 아픔을

아무 탈없이
감쪽같이
꿰매어 줄 수 있겠는가
소나무여!

제5부

인생은 구름처럼 바람처럼

인생은 빈손

하루는
여명으로 시작해서
석양의 붉은 노을로 잠든다

인생은
구름처럼
바람처럼
기쁨도
슬픔도
모두 사라지는 것

일없이
흐르는 강물에다
미련 없이 띄워 보내라

인생은
구름같은 것
또 바람같은 것

온 세상 재물과
부귀영화
아무 소용없다
빈 손으로 와서
빈 손으로 가는
우리들 인생

세상살이는 이렇게

– 장모님 말씀

한세상 살다 보면
좋은 일 궂은일 있기 마련이고

어떤 날,
좋은 일 있으면
너무 좋아하지도 말고
조용하게 그냥 웃게나

또
어떤 날,
누가 와서 밀쳐 넘어뜨리거든
아무 일 없는 것처럼
그냥 손 털고 일어나게나

한세상 인생살이 쉬운 줄 아는가?
타고난 운명인지라
그냥 그려러니 하면서
한평생을 사는 것이고
너무나 욕심도

너무나 낙담도
다 부질 없는 것이라네

여보게! 사위
또 넘어지거든
오뚜기처럼 다시 일어나
흙 묻은 손 털고 길을 가게나

더 늦기 전에

미안하다고
사랑한다고
어둠이 오기 전에 얼른 말하세요
어둠이 몰려오면
아무것도 안 보이니까요

더 늦기 전에
고맙다고
감사하다고
앞장서서 말하세요

그대와 눈 마주치면
망설이지 말고
환한 얼굴로
먼저 함박꽃처럼
웃어주세요

해가 저물어서
어둠이 짙어오기 전에

진실 머금은 눈빛으로
어서 말해 보세요

이제 더 이상
망설일 것 없습니다.
어둠이 오기 전에
더 늦기 전에

친구에게

여보게 친구
너무 급히 뛰지 말게나
숨이 차면 멀리 가지 못하네

한 잔의 물이라도
다급하게 마시지 말고
오는 봄을 재촉하지도 말게나
꽃이 채 피기도 전에
여름이 오지 않겠는가?

여보게 친구
서두르지 말고
재촉하지도 말게나
천천히 쉬어 가면서
여유롭게 살아보세

이 세상 여러 곳
구경도 하면서
돌다리도 두드려 보고

조심히
조심조심 또,
쉬엄쉬엄 살아가세

불난 가슴이 다 탈때까지

1
산골짜기 초가삼간
밤은 깊어
호롱불은 잠들지 않고
아낙네 바느질하는 모습을
지켜보고 있다

심지를 돋우어라!

이 밤이 깊어지면
부엉새도 집으로 돌아갈 것이니
부엉이 우는 소리로
장단 맞추어
선비가 읽는 책장이
한 장 한 장 넘어가고
겨울밤이 꾸벅꾸벅 문턱을 넘는다

심지를 더 돋우어라

불난 가슴
다 타오를 때까지
어디선가
닭 우는 소리가 들린다

2
밤하늘에 은하수도
그만 지쳐버렸나?
서쪽 산등성마루에
별빛도 달님도 하품하는데

호롱불 기름도 다 달았다
겨울 바람이 기승을 부린다

해가 뜨면
구멍난 고무신 같이
금이 간 물동이처럼
존재의 가치가 무색할지니
돋우어라! 심지를,

더 돋우어라
불난 가슴이 다 탈 때까지…

술에 장사 없다

― 일삼오칠구의 주정 이야기

탁배기 한 사발 들이키니
허기가 가시고

세 사발 마시니
피로가 풀려서
입가에 미소가 떠오른다

다섯 사발 마셔보니
간뎅이가 붓는구나

일곱 사발을 마셔보니
태산이 움직인다

아홉 사발 마셔보니
세상 다 내 것이라고
허풍 떨다가

열 한 사발 마셔보니
네발되어 기어가는구나!

고 향

망망대해 넓은 바다
배 띄워서
내일을 기약하고

집 떠나간 불효자식
삼 년 안에 틀림없이 돌아온다

천석꾼이가 업어간 딸
애기 낳으려 친정 찾아오고

강남 갔던 제비도
이듬해이면 꼭 돌아온다

텃자리 마다하고
모두 다 떠나가지만

여우도 숨 잦아들면
고향 찾아 눕는다네

차라리

차라리
그렇게 할 걸 그랬어
이젠 후회를 해도 아무 소용 없어

차라리
보지 말것을 그랬어
보지 않아도 됐는데
모든 걸 다 내어 주고
빈손이 될 걸 그랬어
이젠 아무 소용없어

차라리
가고 싶을 때 가고
오고 싶을 때 오라 할 것을
이미 내친 걸음이니까

산 자者와 죽은 자

햇빛 내리쬐는
수풀 속은
새들의 노랫소리로 가득 차
살아있는 사람들을 위하여
메아리 되어 흐르고
달빛이 눈부신
영롱한 밤하늘의
은하수 흘러가는 소리가
망자의 장송곡 되어
바람따라 흐른다.

강물은 쩍 벌린
커다란 악어의 입이 되어
바람과 안개와 이슬도
송두리째 집어삼키고

이따금 성난 강물은
망자의 이름을 외쳐 부르며
무섭게 흘러간다

숨을 쉬는 사람들의
도강을 허락하지 않으려
일엽편주마저
강바닥에 가라앉혔다

이제
산 자와 죽은 자
죽은 자와 산 자의
모든 인연을
강물에 흩어 뒤섞으며
아무 일도 없다는 듯이
흘러만 간다

소도 蘇塗

섣불리 들어가지 못하는 곳

바람과 안개 많아
오색 깃발 휘날리며
새들도 엄숙히 날아 드는 곳

급해도 힘들어도
궁해도 들어가지 않는 곳
세상의 온갖 풍파에 쫓기어
마지못해 들어 간 곳

그 누구도 말리지 않았다
바람도 안개도
시비를 걸지 않고
제 갈길로 가는 구나!

얼음장처럼 차가워도
불덩이처럼 뜨거워도
움직이지 않는 곳

막무가내 변화를 부정하는 곳

오너라, 어서 일어나 오라!
우물 안 개구리처럼
세상과 벽을 쌓지 말고
하얀 달걀처럼 침묵하지 말고
스스로 깨어 나오라

뼛속까지 시린 곳
살을 에이는 고통이 따르는 곳
가시에 찔려 상처가 나고
돌멩이에 시퍼렇게 멍이 들지라도

깨어나라!
벗어나라!
세상을 향하여
어서 걸어 나오라

*소도의 경계선을 뚫고
더 이상 머뭇거리지 말고
진정한 삶을 위해
세상 밖으로 나오라

註   소도蘇塗 : 삼한시대 삼한의 제사장인
     천군이 다스린 신성 지역

자연인으로 사는 삶

깊은 산속 높은 곳
안개를 불러들여
사람들 발길 뜸하다

굵은 빗방울 기둥을 세우고
구름을 불러들여 장막을 쳐
새들의 날갯짓마저
허락하지 않으며
하늘길을 막는다

빙둘러 절벽을 세워
속세의 세상만사 풍문을
벼랑 밑에 밀쳐버리고
세찬 바람 보내어
일엽편주
뱃길도 막아 버린다

홀로 외로이
무엇을 하려 함인가?
더도 말고 이대로가 좋지 않은가?

제6부

수수깡 전설

강물은 흐른다

모진 풍파 앞세워
태고의 역사를 땅에 새기며

가로선 태산을 비켜 세우고
하루도 쉼 없이 흘러만 왔다

뜨거운 해님의 땀을 모으고
슬픈 달님의 눈물을 모아
목마른 세월을 달래도 보았다

애절한 사랑을 떠나 보내고
간절한 사랑을 이어 주었다

떠도는 추억을 하나둘 주워
깊은 곳 강바닥에 감추어 놓고
흘러가는 낙엽에 새겨 보냈다

강물도 속마음을 보일 때 있네
폭풍우 떠밀면 얼굴 붉히고

간지러운 실바람에 얼굴을 편다
기나긴 장도에 지쳐 넘어질까
머문 듯 걸어가는
저 강물은
어디를 향하여 흘러가는가

두승산과 배들

끝없는 *배들 바라보며
두승산은 무슨 꿈을 꾸는가?

태고의 공룡 연민에
아홉 봉우리 높이 치켜들고

돌개바람 막아서서
양떼구름 불러들여
사시사철 눈비 뿌려 주니

동진강 실뿌리에
푸른 생명줄 이어진다.

*선인좌부 仙人座府
*선인포전 仙人鋪氈

수많은 선남선녀
사방 팔방에서
두승산 기슭으로

앞다퉈 모여들고
써레질에 호미 들어
논밭 일구어 놓으니
만경창파 넓은 들에
황금물결 치는구나!

서녘 붉은 하늘에
기러기 떼 갈 길 재촉하는데
끝없는 되질은
누구를 위한 몫이던가?

註　배들 : 이평梨坪, 곧 호남평야
　　선인좌부仙人座府 : 양택(명당 집터)
　　선인포전仙人布氈 : 음택(명당 묏자리)

샘골 약수터

태고의 신비를
찹찹히 바위 속에 심 박아놓고
간간히 물줄기에 방울져 내어

수많은 사람들 불러들이고
소문을 바람에 실어
온 세상에 흩어 뿌린다

가파른 언덕길을
쉼 없이 달려와
한 모금 물 한 잔에
소망을 담고

또, 한 모금 마시면서
건강을 기원해 본다

발 길 끊이지 않는
약수터의 길
번들번들 발자국
셀 수가 없구나!

까마귀와 배꽃

민둥산 풀뿌리 캐고
돌 주워 내어
꿈을 심듯 배나무 심었다
이제 삼대는 끄떡없으리라!
배밭은 추억이 쌓이고
배나무도 연륜이 쌓여
밑둥은 한아름만큼 두껍다

여남은 살 시절부터 부모님 따라
배밭을 지켜온 농부의 머리는
어느새 희끗희끗 변해 있다
오늘도 여느 때와 같이
배밭을 가꾸기 위해 나와 있었고
손은 거칠지만 힘센 양 팔뚝은
지팡이처럼 긴 총을 힘주어 잡고
잔뜩 갈증이 난 눈초리는 솔개의 눈이 되어
잔 나뭇가지 사이를 주시하고 있었다
드디어
각오한 듯 손을 들어올리자

탕！한 발의 총소리에
놀란 배밭은 고요 속에 휩싸였고
가지 사이로 시커먼 무언가 바람에 날리듯
배나무 밑에 떨어졌다
앞을 향해 걸어가 주검 앞에 서서
한 마리 잡았구만 중얼거리고
주름 깊은 얼굴에
희열인지 기쁨인지 미소를 흘리다
순간
미소를 확! 거둬들이고 굳은 표정으로
망설임 없이 두 발목을 쓸어 잡아 들었다

배밭을 가꾸기 위해 헤아릴 수 없는
발자국에 잡초들은 소금 절여 물빠진 배추처럼
다져져 땅에 너러져 있고
배밭을 오기 전 땡감을 따먹은 까마귀의
입에서 빠알간 피에 섞여 땡감 열매껍질이
고춧가루처럼 풀밭에 뚝뚝 떨어졌다

이제
까마귀의 억울한 심장은
과원의 끝자락에 다다른
마지막 농부의 발걸음에 맞추어
그만 멈추었다

까마귀가 날자 배 떨어졌다
사실 까마귀는 배를 먹지 않았다
배를 쪼아먹은 것은 까치였다

또, 봄이 오면
까마귀의 억울함을 까맣게 잊어버린 채
배꽃은 하얗게 만발하겠지
하지만,
노랗게 배가 익을 때면
까치는 부지런히 쪼아대고
배가 떨어지면 어김없이
까마귀는 날아갈 것이다

내장산 단풍

여름 내내 풋풋했던
내장산의 단풍나무
굽이굽이 냇갈川 따라
뚜벅뚜벅 걸어 오네

회오리치는 바람 모퉁이
시퍼런 칼바람을 이겨내고
깐치동저고리로
울긋불긋 치장했네

신선봉에 내려 앉은
선녀들의 손질이냐
서래봉 참빗 빼어
곱게 빗긴 자태더냐

그 누가 오색단풍
탐을 내지 않겠느냐
너는 겁도 없이
자랑만을 일삼으니

수많은 나그네들
밤새 네 모습 싹 쓸어 갈까
정말! 잠이 오질 않는구나

이어도 離於島

어렴풋이 희미하다
보일 듯 말 듯
저 바다 멀리
이어도가 있다는데
저어도 저어도
저 멀리 안갯속으로 잠긴다

이어도에 가면
갖고 싶은 것
모두 다 얻을 수 있고
보고 싶은 것
모두 다 볼 수 있다는데

이어도로 떠난 사람들
얼마나 좋기에
일자 소식 전하는 이가 없는가

저어도 저어도 망망대해
끝이 없는 이어도
꿈길에나 가볼거나?

내장산 비경秘境

호남湖南의 신산神山인가?
천기天機 새어 날까
하얀 구름 몰아와
서래봉 감싸안고

오직!
안갯길 열어놓고
선녀들 내려보내
신선神仙만을 모셔왔네

금선계곡金仙溪谷 넘을 때에
선녀들이 넋이 나가
바람결에 옷 날아갔네

아뿔사! 급하오!
금선폭포 띠를 떠서
앞가슴을 가려 보오

수수깡 전설

여름 한나절 고생하여 밭 두렁에
수수 심어 놓았더니
하늘 높은 줄 모르고 커서
키다리 되었네

늦가을 된서리 내리자
고개 숙여 인사하네
늦었다 땅 닿을라
냉큼 베어 수수알을 털어내고
빗자루 만들어서
처마 밑에 걸어놓는다

호랑이 욕심부리다가
밧줄이 끊어져서 떨어져

수수 벤 자리에 찔렸구나,
죽창같은 밭 두덕 고랑에
붉은 피가 흥건하다

수수깡은 베어다가
발 엮어 둘러치고
고구마 가득 부어
갈무리 잘 하여라

눈이 오는 날 잡아서
아궁이에 불 지펴
고구마 한 솥 삶아
식구들 모여
뜨끈한 아랫목에서
오순도순 먹어보세

내 고향 쌤터

해 뜨는 용수골에

외로운 낙락장송落落長松,

천곡의 양지터를

천명의 뜻을 받아

망연히 고수하네

| 跋文 |

자연과 동심의 자양滋養으로
빚은 전원시田園詩의 극치極値

장 지 홍

한국문인협회 정읍지부장. 시인

1. 전원문학과 전원시田園詩

  김성효 첫 시집 「푸른 고향의 노래」는 자연과 동심과 자양滋養으로 빚은 전원시田園詩들의 묶음이다. 전원시란 전원문학田園文學 한 갈래이고 넓게는 「농민문학」의 장르genre에 속한다. 전원의 풍광風光이나 생활 또는 그 환경을 소재로 해서 표현된 문학을 일컫는 말로 '전원문학이다 농촌문학이다 혹은 농민문학이다'라고 입에 오르내림은 이름만 다를 뿐으로 같은 나무에서 뻗어 나온 가지와 같이 거의 비슷한 개념으로 인식되어지는 용어이다.

김성효 시집 『푸른 고향의 노래』 해설과 발문跋文을 쓰기에 앞서서 전원문학 곧 농촌 또는 농민문학의 개념과 그 전개 과정을 살펴보는 것이 이 시집을 이해하기에 좋은 방편이 아닐까 해서 언감생심焉敢生心으로 아는 체를 한번 해보려 한다.

≪전원문학≫은 농촌의 자연과 풍속, 농민들의 삶을 그린 문학으로 우리 한국문학사에 한 시절을 뜨겁게 풍비豐飛하던 때가 있었다. 1930년대에 「농민문학론」이 활발하게 전개되면서 이러한 명칭들이 등장했는데 이는 이미 1920년대 초에 농촌과 농민을 소재로 한 작품이 발표되어 이익상 '흙의 세계'〈1923〉가 그 효시嚆矢였다. 이어서 이광수의 '흙'〈1933년〉, 박영준의 '모범경작생'〈1934〉, '목화씨 뿌릴 때'〈1936〉, 이기영의 '고향'〈1934〉, 심훈의 '상록수'〈1936〉, 이무영의 '제1과 제1장'〈1939〉 등이 이 시대를 주름잡은 문학이다. 또 이 무렵에 이무영의 '농민'〈1934〉, 안수길의 '북간도'〈1939〉가 출간되어 독자들의 좋은 반응을 얻었다. 1970년대에 들어와서 젊은 문학평론가들 사이에 리얼리즘realism과 반리얼리즘antirealism에 대한 논쟁이 일면서부터 한국의

전원문학(농민문학)은 타他 문학 장르genre에 비하여 입지가 빈약하다는 문제가 제기되었다.

이는 염무웅의 「농민문학론〈1970〉」에서 시작되었는데, 그는 '농촌을 모르고서는 사회 현실을 안다고 할 수 없고 현실을 모르고서는 문학을 제대로 안다고도 할 수 없다'며 우리 농촌이 처해 있는 역사적 현실을 옳게 바라보는 리얼리즘 정신이 있어야 한다고 주장했다.

이에 김치수 문학평론가는 농민문학 곧 전원문학의 필요성은 인정하면서도 농민문학이 농촌 또는 농민을 소재로 한 작품이라는 것은 하나의 소재주의에 불과하다고 주장하고 소재주의는 한국인의 삶을 전체적으로 파악하지 못하는 위험이 있다고 설파說破했다.

이러한 문학 이론이 들끓는 중에서 등장한 작품들이 1970년을 전후하여 오유권의 〈농지정리〉, 유승기의 〈농기農器〉, 박경우의 〈동토凍土〉, 김정한의 〈모래톱 이야기〉, 이문구의 〈우리 동네〉, 등 농토 문제와 농촌 근대화가 가져온 비인간성 및 소득분배의 불균형을 주제로 하는 농민소설이 그 주류를 이루었다.

한국 시문학사詩文學史에서 '본격적인 전원시'라

부를 수 있는 작품은 앞서 활발하게 전개되어 온 전원소설에 비하면 아주 빈약하기가 그지없다. 이른바 적극적인 전원시 곧 농민시라 할 수 있는 시집으로서는 신동엽의 '금강'〈1967〉, 신경림의 '농무農舞'〈1973〉, 구상具常의 '밭 일기'〈1967〉 불과 몇 개에 지나지 않고 희곡戱曲에 있어서도 유치진의 '소'〈1934〉 이무영의 '아버지와 아들'〈1934〉과 1970년대 이후에 발표된 윤병조의 '농토', 노경식의 '소작지' 등이 있을 뿐이다.

한국의 문학사文學史 100여 년을 통해서 농민문학이 차지하는 비중은 빈약하다 못해 오늘날은 거의 소멸消滅(?)에 가까운 지경에 이른다. 이에 「농민신문사」에서는 「농민 문학상」을 제정하여 농촌과 농민을 위한 문학 활동 활성화에 힘을 쏟고 있으나 이 역시 생각하는 바의 성과를 거두지 못하고 있다. 전원시 곧 농촌에 관한 시는 시인이라면 누구나 몇 편씩은 다 다루어 본 경험이 있다. 대표적인 것이 우리나라 주지주의 시인 정지용의 '향수'라는 작품일 게다. '넓은 벌 동쪽 끝으로 실개천이 휘돌아 나가고--' 자연과 고향과 전원적인 환경은 문학을 하는 사람들의 글감으로써는 이 보다 더 친숙하고 마음이 끌리는 제재는 없을 것이다. 그러나 본격적인 전원시를 쓰는 시인은 극소수에 지나지 않는다. 더욱이 인구의 도시 집중과 산업화의 시대적 요구에 따라 세상은 너무 현저하게 변하고 있기 때문인지도 모른다. 이런 상황 속에서 목숨을 걸듯 전원시 창작에 매달려 보겠다고 당차게 일어선 초짜시인(?)이 있으니 그가 바로 김성효 시인이다.

그가 태어난 곳은 전북 정읍시 북면 화해리 가전 부락, 전형적 농촌 마을이다. 그는 이 글 '책머리에'서 밝힌 바와 같이 비산비야非山非野 마을, 자연과 농토뿐인 가난한 마을에서 여태껏 살아왔다. 조상 대대로 농부인 집안에서 태어나 대물림한 빈곤과 어려운 환경을 이겨내면서 어렵사리 학창시절을 보냈다. 호남 중. 고등학교와 한국방송통신대학을 졸업했다. 군생활 3년을 제외하곤 고향인 여기를 한 번도 떠나서 살아본 일이 없는 이를테면 정읍의 '왕토박이'로 살았다.

1983년 '농촌지도사'에 임용 되어 공직공무원 생활 36년을 다 보내고 정년퇴임을 눈앞에 둔 성실하고 다정한, 우리 농민들의 친구가 되어 맡은 바 공무를 충실히 실행에 옮긴 모범 공무원으로서 말이다.

김성효 시인은 이미 학창시절부터 문학의 길에 나서야겠다는 뜻을 세우고 오랜 습작기習作期를 보내면서「제10회 상춘곡 문학제」에서〈내장산 비경〉이라는 시가 입상하고부터 시력詩歷을 쌓기 시작했다. 작년에야〈2018년〉늦은 나이로 등단을 마쳤고 현재는 사)한국문인협회 정읍지부 회원으로, 또「정읍내장문학」동인으로 활동하는, 가슴이 따뜻하고 바른 인성을 지닌 신인新人으로 앞으로 기대되는 바가 크다. 필자와는 고교시절 사제師弟의 정으로 얽힌 인연 때문으로 그간 써 모은 작품으로 시집을 낸다하기에 기꺼이 평설을 쓰기로 다짐했다.

2. 자연과 동심으로 부른 고향의 찬가

「전원시」라 하면 '일어나 지금 가리/이니스프리로 가리' 이렇게 시작되는 예이츠의 '이니스프리 호수섬'이 생각난다. 전원시의 백미白眉로는 이태백李太白 '산중문답山中問答'을 꼽는다. 우리나라에서는 많은 시인들이 이러한 전원을 노래하고 예찬하는 시를 발표했다. 조지훈 시인의 '산중문답山中問答', 주요한 시인의 '전원송田園訟', 이 밖에도 시인이라면 누구나 자화상自畵像처럼 전원시 한두 편씩은 다 지니고 산다. 아무튼 전원시의 으뜸을 꼽는다면 김장용 시인의 '남으로 창을 내겠소.' 신석정 시인의 '그 먼 나라를 알으십니까', 정지용 시인의 '고향' 그리고 '향수'를 빼놓을 수 없다.

  우리 김성효 시인은 전원시 쓰기에 기꺼이 동참同參하고서, 아니 동참 정도가 아니라 완전히 여기에 매료되어 있어 자연이나 농촌에 대한 짝사랑을 하고 있는 듯하다. 그의 시편은 우리 농촌에 대한 긍정적인 일들만 가리고 뽑아서 자연에 대한 사랑과 고향애故鄕愛가 잔잔하게 흘러넘친다. 우선 그의 대표적 작품인 〈모정 스케치〉를 정독하여보자.

〈1〉
만두리를 끝낸 농부들이
미역국에 닭고기 안주 삼아
걸판지게 한잔씩 하고
동내 모정에 올라
시끄럽다며 어린것들을
다 쫓아버리고

송장처럼 누어서 코를 곤다.

쫓겨난 벌거숭이들
풍뎅이 잡아 머리도 비틀고
다리도 옆으로 꺾어
둥개 노래를 합창한다.

둥개야, 둥개야, 마당 쓸어라
손님 온단다.
이쁜 손님 오며는
흰 쌀밥 주고
미운 손님 오며는
꽁보리밥도 아깝다

〈2〉
점심때가 지나서야
꾸역꾸역 사람들로 붐빈다
코골이에 성내는 송영감
자리다툼 끝에 불총 맞은 면장댁 머슴 놈

장이야, 멍이야, 어께 넘어 훈수에
장기판은 엎어지고

논둑 풀 안 깎았다며 뻥새란 놈 혼쭐난다.
솔가지 안 꺾어 왔다며 또복이는
형한테 멱살 잡혀 끌려가고
모정은 농촌의 사랑방,
진솔한 사람 냄새가 나는
농민들의 공회당이다
여름 한 철은 또 쓰르라미가
농민들과 함께
목울대를 세우는 때이다

- 「모정 스케치」 전문

 이 시의 배경은 어느 한적한 농촌 마을 모정이다. 만두리(만도리의 방언)를 끝낸 농부들이 '시끄럽다'며 아이들을 내쫓고 송장처럼 누워서 낮잠을 자는 데부터 이야기가 시작된다. 만두리는 한 해의 벼농사 기간 중에 행하는 마지막 김매기로 다른 말로는 '세 번 메기'라고도 한다. 만두리가 끝나면 곧 유둣날(流頭)이 지나 백중날〈음력 칠월 보름날〉이 닥친다. 벼농사가 거의 마무리되어 농가는 잠시 농한기에 접어든다.
 백중百中은 〈호미씻이 날〉 또는 〈머슴 날〉이라고도 하는데 이날은 여러 나물 반찬에다 배부르게 먹고 풍악을 울리면서 남녀노소가 즐겁게 어울리는 농촌마을의 연중행사인 세시풍습歲時風習의 하나이다. 호미는 씻어 정갈하게 걸어 놓고 홀아비, 노총각, 머슴들이 장가들도록 촌로村老들이 나서서 주선하는 때가 바로 이 무렵이기도 하다. 마을의 크고 작은 일들이 모두 여기에서 결판이 난다. 모정이 동네 사랑방이고 공회당이기 때문이다. 해서 이 시의 공간적배경이 모정이다. 만두리를 끝낸 농부들이 미역국과 닭고기로 걸판지게 한잔씩 하고 모정에 와보니 잠방이만 두른 벌거숭이 어린것들이 뛰놀고 있어 꼬맹이 모두에게 군밤 한 개씩을 퉁겨주며 밖으로 내쫓는다. 쫓겨난 벌거숭이들이 둥구나무 밑에서 '둥개노래'를 합창하며 미운 손님(군밤 준 농부)에게는 꽁보리밥도 아깝다며 무언의 시위를 펼친다.

코골이 소리에 화난 송영감은 요즘 젊은 것들은 버릇이 없다며 짜증을 내고 자리다툼 끝에 겨우 자리 잡아 잠이 든 면장댁 머슴에겐 구잡스런 친구들이 불총을 놓는다. 논둑 풀 안 깎은 뺑새란 놈은 혼쭐이 나고 또복이가 형한테 잡혀서 끌려간다. 어깨 너머로 훈수 장기를 두다가 쌈판이 벌어져 장기판이 엎어지고 모정은 한때 장터와 같은 난장판이 된다.

　장면 장면이 모두 한 폭의 구수한 민화民畵다. 김성효 시의 시골티가 짙은 이런 연출演出은 비단 이 작품에서만 드러나고 있는 것이 아니다. 그의 다른 작품들, 『실개천』, 『소나기 내리는 날』, 『정자나무』, 『모시.베틀 이야기』, 『찔레꽃 나그네』, 『들돌』, 『느티나무 고목 밑에서』 『장에 가는 날』, 대부분 시편들이 농촌의 전원이나 자연에서 흔히 보고 느끼는 풍광風光들이고 상황이나 화소話素가 각각 다름에도 불구하고 한결같이 전원적이고 농촌적인 삶의 연출로 짜여진 시편들이다.

　김성효의 다른 시편 하나를 감상해 보자.

2
정자나무 그늘에 앉아서
동네 아낙네들 여럿이 모여
수다를 떤다.

팔순 노인 허연 수염 같은
모시올 어루만지며
이빨로 가르마를 타,

한 올 두 올 섬세하게 실을 뽑아
부끄러움도 무릅쓰고
넓적하고 하얀 허벅지가
발갛게 달아오를 때까지

연신 침을 발라가며
속살보다도 더 하얀 저마사를 만들어서
싸릿대 소쿠리에
둥글게 둥그렇게
수북하게 쌓아 놓는다.

4
모두가 깊이 잠든 밤이다.
눈비비고 일어나서
부티를 허리에 채우고
적막한 밤을 일깨워
베틀 앞에 앉는다.

북통 주고받는 왼손이 미안하고
오른손은 계면쩍다

밤은 더 깊어가고

잉앗대 너머로 졸음이 슬금거려
용두머리는 두 눈 크게 부릅뜨고
눈썹을 치켜세운다

도투마리 날줄을 풀으니
수탉이 부지런하게도
새벽을 몰고 온다.

― 「모시, 베틀 이야기」 2연, 4연

이 시에서는 한 필의 모시 베布가 완성될 때까지 모든 과정이 적나라赤裸裸하게 묘사되어 있다. 한 알의 쌀米이 나오기까지는 농부의 손길이 여든 여덟 번이나 오가야 한다는 속설俗說이 있다. 그래서 한 필의 베가 되어 나오기까지는 얼마나 많은 땀과 시간과 노력과 공정이 필요한 것인지를 감히 짐작이나 할 수 있겠는가?

여름 한철 삼복더위가 기승부릴 때, 황새낫 들이대어 모싯대를 베어다가 모시톱이나 모시칼로 껍질을 벗겨서 몇 번이나 물에 헹구어서 태모시를 만들고 저마사를 뽑는 이러한 일련의 작업들이 쉬운 일이 아닐 것이다. 아무래도 우리의 인생살이가 이와 같이 험하여서 수십 번의 고비와 역경을 넘어서야 하는 일인지도 모른다. 그러므로 이 시에는 아낙네 농민들의 한숨이나 우리 어머니들의 삶의 애환이 절절하게 나타나 있어 우리를 숙연하게 만든다.

이 작품 외에 전원생활 즉 농촌 삶의 애환을 담은 시편으로는 『인생.고갯길』, 『물자세水車』, 『하루살이는』, 『소꿉친구들 다 어디 갔냐』, 『통학버스』, 『입영열차』, 『인생은 빈손』, 『세상살이는 이렇게』, 등의 시편들이 옹기종기 정답게 모여서 우리들 마음을 흐뭇하게 적신다.

김성효 시에는 잊혀진 농촌의 역사가 있고 고향에 대한 무한한 사랑과 애정과 긍정과 긍지가 자리하고 있다. 김성효가 고향인 농촌을 지키지 않았다면 누가 감히 이런 글로 이같이 맛깔스럽고 고풍스럽고 찡하게 그려낼 수가 있을까? 이 시집의 문화적 역사적 가치성은 정말 얼마나 귀하고 소중한 것인가? 때 묻지 않은 순수한 동심으로 착색된 감성과 리얼리티를 버물려 시의 형식으로 재현되는 우리 농촌사農村史가 주는 내밀하면서 웅혼한 감동은 먹어도 마셔도 생각나는 민속주民俗酒를 닮았다고나 할까.

애들아,
양지 바른 언덕에
아지랑이 피어오르니
대문을 활짝 열어라
간만에 봄기운을
집안에 가득히 모셔 보자

─「봄맞이 노래」에서

청운의 부푼 꿈을
놓칠세라
연 자세를 꽉 움켜쥔다.

끊어질 듯 가느다란 실에
우리들 꿈이 자리하기엔
너무 위태로워서인가

어른들이 이제
연을 날리지 않는 까닭은
쫓아 갈
거시기가 없기 때문이다.

─「연과 꿈」에서

선잠 깬 도련님
'새 쫓아라!' 구슬려서
한 손에 고구마 또 한 손에 옥수수
단쑤시도 한 움큼,
겨드랑이에 우산 끼워서
다독거려 내보내니

논두렁 가운데 솔가지로 새막을 세우고
자리 깔고 앉아서
아침나절에는
제법 밥값이나 하는가 싶더니
수시로 날아드는 참새 떼에 진저리가 나서
파대 돌려 치고
풀팽매를 날려도

나락 서리에 이골 난 참새들,
석양볕 나무 밑에
먹고 버린 나락 껍질만 가득

- 「내 유년의 새보기」에서

3. 김성효가 찾아낸 문학동네

　김성효의 대부분의 시는 언어를 다듬어서 내면을 형상화 하는 작업을 거부한다. 시골스런 말투로 질박하게 풀어나간다. 시의 형상화에 필요한 수사적 요건들은 아랑곳하지 않고 판소리 사설처럼 직설적인 어휘로 풀어나간다. 그래서 그의 시는 우리에게 친근하게 다가오면서 이해하기가 쉽다.

　그의 시는 일부 현대시가 곧잘 빠져버리는, 난해難解하기만 했지 실상은 안이安易하기 이를 데 없는 현학적衒學的 속물주의俗物主義의 함정陷穽을 근원적根源的 차원次元에서 뛰어넘는다. 그래서 시는 쉽게 써서 쉽게 읽혀야 한다고 주장한다. 시의 언어가 너무 상징象徵이나 수사법을 강조하다 보면 시가 어려워진다.

　김성효의 시편들은 그런 염려가 없다. 시의 언어가 모두 우리에게 친숙하게 다가오는 고향과 농촌에서의 언어이기 때문이다. 그는 평생을 향리鄕里에서 농업직 공무원으로 살아왔기에 그 누구보다 농촌의 환경이나 처지를 잘 알고 있다. 그러나 작금의 농촌의 현실, IMF다, 구제역이다, 농가직불금이다, 또 뭐라뭐라 하는 머리 아픈 일들을 그냥 지나칠 수야 있겠는가? 헌데 이 시집에서는 눈 크게 뜨고 혈안이 되어 그런 농촌의 부정적이고 어두운 면을 찾으려 해도 티끌 하나 발견할 수 없다. 오로지 고향과 농촌에 대한 뿌리 깊은 사랑이 자연과 동심의 자양滋養으로써 강물처럼 흐른다.

 이제는 한물 지난 전원시 창작에 고집스레 매달려서 남이 가지 않으려는 길을 굳이 가고자 하니, 이왕 이 길에 입문한 이상 한눈을 팔 수는 없지 않는가? 머잖아 우리 김성효 시인의 붓끝으로 향토적이고 감칠맛 나는 전원시가 완성될 그날을 기대하면서 다시 한번 첫 시집 출간을 축하하는 바이다.

김성효 시집

푸른 고향의 노래

인　　쇄	2019년 6월 02일
발　　행	2019년 6월 05일
저　　자	김성효
발 행 인	서정환
발 행 처	신아출판사
주　　소	전북 전주시 완산구 공북1길 16(태평동 251-30)
전　　화	(063) 275-4000
팩　　스	(063) 274-3131
이 메 일	sina321@hanmail.net
출판등록	제465-1984-000004호
인쇄·제본	신아출판사

이 책의 저작권은 저자에게 있습니다. 서면에 의한 저자의 허락 없이 내용의 일부를 인용하거나 발췌하는 것을 금합니다.

잘못된 책은 바꿔 드립니다.

ISBN 979-11-5605-631-7　03810
값 9,000원

> 이 도서의 국립중앙도서관 출판시도서목록(CIP)은 서지정보유통지원시스템 홈페이지(http://seoji.nl.go.kr)와 국가자료공동목록시스템(http://www.nl.go.kr/kolisnet)에서 이용하실 수 있습니다.(CIP제어번호:CIP2019021574)

Printed in KOREA